Herzensliebe

Was ich dir zum Hochzeitstag wünsche!

Die Hafenprinzessin

Dieses Buch gehört:

_____

Es wird dir geschenkt von:

_____

Impressum

Verantwortlich

Christian Flick / Mathias Weber

youneo projects flick und weber GbR, Poststraße 1, 49326 Melle

info@youneoprojects.de, www.youneoprojects.de

Herstellung und Verlag

BoD - Books on Demand, Norderstedt

Bildquellen

© TierneyMJ/shutterstock (Cover), ddok/shutterstock

Hafenprinzessin® ist eine eingetragene Marke der youneo projects flick und weber GbR.

ISBN: 9783748108023

Bitte fühle dich

herzverankert!

Ich wünsche dir einen
maximalerfüllten Tag.

Bitte fühle dich

herzverankert!

Ich wünsche dir, dass du
gesund und fit bleibst.

Bitte fühle dich

herzverankert!

Ich wünsche dir, dass du humorvoll bleibst.

Bitte fühle dich

herzverankert!

Ich wünsche dir,
dass du gücklich bleibst.

Bitte fühle dich

herzverankert!

Ich wünsche dir, dass du
dir alle Träume erfüllst,
die dir wichtig sind.

Bitte fühle dich

herzverankert!

Ich wünsche dir in stressigen Zeiten etwas Ruhe.

Bitte fühle dich

herzverankert!

Ich wünsche dir
Zufriedenheit ohne Ende.

Bitte fühle dich

herzverankert!

Ich wünsche dir einen Tag
ohne Wolken mit viel Sonne.

Bitte fühle dich

herzverankert!

Ich wünsche dir die Kraft,
auch an Regentagen die
Sonne zu erahnen.

Bitte fühle dich

herzverankert!

Ich wünsche dir geniale
Ideen für kleine Probleme.

Bitte fühle dich

herzverankert!

Ich wünsche dir einen Schraubenschlüssel, falls mal eine kleine Schraube locker ist.

Bitte fühle dich

herzverankert!

Ich wünsche dir eine Hand,
die deine Hand hält.

Bitte fühle dich

herzverankert!

Ich wünsche dir ein starkes Herz, das für dich schlägt.

Bitte fühle dich

herzverankert!

Ich wünsche dir ein Über-
mass an Glück und Freude.

Bitte fühle dich

herzverankert!

Ich wünsche dir einen treuen
Freund mit vier Beinen.

Bitte fühle dich

herzverankert!

Ich wünsche dir einen grünen Daumen für deine Zimmerpflanzen.

Bitte fühle dich

herzverankert!

Ich wünsche dir eine wolkenfreie Nacht mit klarer Sternensicht.

Bitte fühle dich

herzverankert!

Ich wünsche dir, dass du auch mal einfach nur an dich denkst.

Bitte fühle dich

herzverankert!

Ich wünsche dir, dass du deine Lebenszeit perfekt und ideal nutzt.

Bitte fühle dich

herzverankert!

Ich wünsche dir einen
Schokoriegel für größte
Stress-Notfälle im Alltag.

Bitte fühle dich

herzverankert!

Ich wünsche dir Geduld
im Überfluss.

Bitte fühle dich

herzverankert!

Ich wünsche dir, dass dein inneres Kind immer vorhanden bleibt.

Bitte fühle dich

herzverankert!

Ich wünsche dir, dass du einen edlen Wein in schöner Atmosphäre genießen kannst.

Bitte fühle dich

herzverankert!

Ich wünsche dir, dass du ein kühlendes Bier an einem heißen Tag genießen kannst.

Bitte fühle dich

herzverankert!

Ich wünsche dir immer ausreichend WLAN in deiner Nähe.

Bitte fühle dich

herzverankert!

Ich wünsche dir einen wunderschönen Urlaub in den nächsten Monaten.

Bitte fühle dich

herzverankert!

Ich wünsche dir, dass du bald mal wieder einen schönen City-Trip machen wirst.

Bitte fühle dich

herzverankert!

Ich wünsche dir, dass du dich fast nur noch auf positive Dinge fokussierst.

Bitte fühle dich

herzverankert!

Ich wünsche dir, dass du erkennst, wie unwichtig manche Dinge mit etwas Abstand sind.

Bitte fühle dich

herzverankert!

Ich wünsche dir Handwerker,
die pünktlich sind und
preiswert hinzu.

Bitte fühle dich

herzverankert!

Ich wünsche dir, dass die nächste Wildtaube dein Auto nicht mehr attackiert.

Bitte fühle dich

herzverankert!

Ich wünsche dir einen Tank,
der sich langsamer leert und
deinen Geldbeutel schont.

Bitte fühle dich

herzverankert!

Ich wünsche dir einen wunderschönen Abend mit deiner Familie und deinen Lieben.

Bitte fühle dich

herzverankert!

Ich wünsche dir, dass dich jemand auf ein leckeres, großes Eis im Sommer einlädt (z.B. ich).

Bitte fühle dich

herzverankert!

Ich wünsche dir eine Welt,
die friedlich ist und bleibt.

Bitte fühle dich

herzverankert!

Ich wünsche dir eine Hose,
die nicht immer enger wird
nach dem Waschen.

Bitte fühle dich

herzverankert!

Ich wünsche dir eine helfende Hand beim Schnee-schieben im Winter (z.B. meine).

Bitte fühle dich

herzverankert!

Ich wünsche dir, dass du ausreichend Kerzen bei einem Stromausfall hast.

Bitte fühle dich

herzverankert!

Ich wünsche dir ganz viele liebe Menschen in deiner Nähe, die deinen Tag bereichern.

Bitte fühle dich

herzverankert!

Ich wünsche dir eine Versicherung, die im Notfall keine Ausschlussklauseln findet.

Bitte fühle dich

herzverankert!

Ich wünsche dir kräftige Zähne, damit du Bisskraft hast, ohne bissig zu werden.

Bitte fühle dich

herzverankert!

Ich wünsche dir Bärenkräfte,
ohne übergewichtig zu sein.

Bitte fühle dich

herzverankert!

Ich wünsche dir Diätrezepte,
die auch wirklich schmecken.

Bitte fühle dich

herzverankert!

Ich wünsche dir einen Strauß mit schönen und perfekt duftenden Blumen (z.B. von mir).

Bitte fühle dich

herzverankert!

Ich wünsche dir einen
schönen Kinoabend (gerne
auch mit mir).

Bitte fühle dich

herzverankert!

Ich wünsche dir Kraft und Mut, deinen Sehnsüchten intensiv zu folgen.

Bitte fühle dich

herzverankert!

Ich wünsche dir ein gesundes Maß an Egoismus, damit es auch dir immer gut geht.

Bitte fühle dich

herzverankert!

Ich wünsche dir ein Lebens-
gleichgewicht, das dich trägt
und beschützt.

Bitte fühle dich

herzverankert!

Ich wünsche dir einen Nachbarn, der dich mag und unterstützt.

Bitte fühle dich

herzverankert!

Ich wünsche dir alles Glück dieser Welt und, dass du bleibst, wie du bist.

Bitte fühle dich

herzverankert!

Heute wollte ich dir
noch was sagen:

Du bist ein wunderbarer und
ganz besonderer Mensch.

Es ist einfach klasse,
dass es dich gibt!